AF620010

Sandro Benetti

24 MARZO 2012

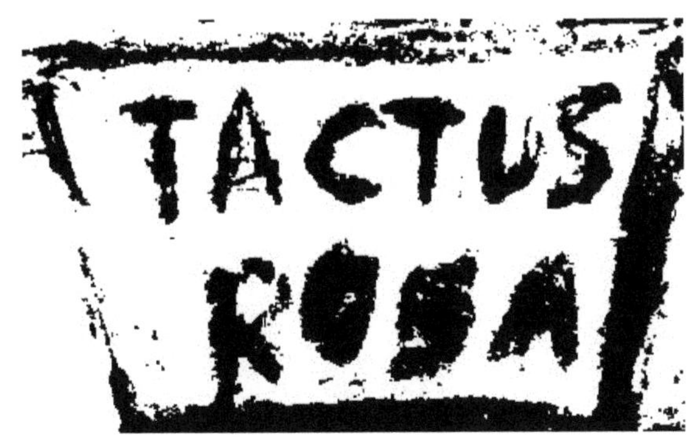

Associazione musicale TacTusRosa

Titolo: *24 marzo 2012*

Scritto da: Sandro Benetti

Progetto grafico di Giuseppe Dal Santo

Disegni a cura di Giuseppe Dal Santo

Sito: www.tactusrosa.com

E-mail: info@tactusrosa.com

Facebook: Tactusrosa

PREFAZIONE

Gli ultimi dieci anni di talent show e reality musicali proposti dai palinsesti televisivi hanno mostrato un'immagine atipica e incompleta della figura del musicista.

Lo spettacolo televisivo ha lasciato dietro le telecamere il duro lavoro che comporta il mestiere del musicista per presentare, quasi sempre, un "prodotto finito": dei personaggi esordienti, con buone capacità canore, supportati, alla fine del gioco, da case discografiche di prestigio.

Quello della musica e delle piccole band musicali è, però, un mondo molto più complesso rispetto a ciò che la televisione ha mostrato, è un lavoro in tutti i sensi, che comporta sacrifici, ore di preparazione, investimenti, risultati o fallimenti, e spesso è meno redditizio di quanto possa sembrare.

24 marzo 2012 di Sandro Benetti è un libro che accompagna per mano il lettore lungo tutto il cammino che intercorre tra l'idea di un progetto musicale e il giorno del debutto sulle scene, raccontando tutti i passaggi che intercorrono nel mezzo: la scelta dei musicisti, le ore di prove e di lavoro creativo, la ricerca di un luogo dove esibirsi, la campagna promozionale, la raccolta di fondi per far quadrare le spese di realizzazione del concerto, la creazione della scenografia e del sito Internet, la cura del suono, la burocrazia delle carte Siae, eccetera.

Sandro Benetti, la voce narrativa di questo viaggio, testimonia che quello della musica è un mondo serio, un lavoro difficile e non per tutti. Un mestiere che i TacTusRosa, il gruppo fondato dall'autore e composto da dieci musicisti esperti, dimostrano di aver saputo dominare fino al raggiungimento del loro primo obiettivo: la data del loro debutto, il 24 marzo 2012.

I TacTusRosa sono un gruppo composto da musicisti con esperienze musicali diverse, alcuni provengono dalla classica, altri dal jazz, dal rock, dalla fusion, ma sono riusciti a trovare una loro armonia interna facendo convivere le loro capacità in uno spettacolo che li vede impegnati in un'interpretazione originale dei brani dei Pink Floyd e dei Beatles, due band che hanno rivoluzionato il panorama musicale del secondo novecento.

Cimentarsi oggi in un progetto simile è davvero un'impresa coraggiosa, perché bisogna affrontare il pregiudizio insito nel pubblico di star andando a sentire e vedere il solito gruppo di cover, senza personalità, originalità e carisma.

I TacTusRosa questo pregiudizio lo conoscevano bene quando hanno deciso di dar vita al loro progetto, ma sapevano di avere qualcosa in più da offrire rispetto ad altre cover band che fanno lo stesso mestiere. Sono partiti mettendo in piedi una formazione originale composta da dieci elementi, tutti professionisti con esperienza, hanno deciso di mettere in scena uno spettacolo acustico e di scrivere nuovi arrangiamenti per integrare il quartetto d'archi, per trovare la giusta tonalità per l'interpretazione vocale e soprattutto hanno deciso di curare ogni particolare, anche estetico, costruendo una scenografia artigianale e unica, capace di personalizzare lo spettacolo. Per il loro debutto c'è voluto un impegno enorme e tanta forza di volontà, Benetti lo descrive nelle pagine di questo libro, che vuole essere una breve storia dei TacTusRosa, una storia appena cominciata.

Giovanni d'Accurso

INTRODUZIONE

La prima pagina del libro e' stata disegnata da Giuseppe Dal Santo che ringrazio di cuore per il progetto grafico di questo elaborato. TacTusRosa intende celebrare, fondendo insieme in un nuovo modo, gli immortali Beatles e i mitici Pink Floyd. Pertanto i loghi e grafiche, così come nelle scenografie, simboli, disegni e colori richiamano questi due illustri predecessori.

Disegni, colori e forme geometriche varie che, peraltro, sono conosciuti fin dall'antichità e studiati dal punto di vista filosofico e matematico. La perfezione e l'armonia delle forme ha difatti sempre destato grande interesse negli uomini, forme osservate e studiate per scoprire il segreto della loro incredibile bellezza. Tra le pagine di questo libro ricorderò il significato del nostro logo dove "Beatles" è contornato e "Pink Floyd" rinchiuso in un triangolo. Sulla copertina di questo libro *"24 marzo 2012"* Giuseppe ha inserito la spirale, la curva che parte da un punto per poi avvolgersi per infiniti giri. La spirale è rintracciabile ovunque, probabilmente è la figura più diffusa nell'universo. La possiamo scoprire fin dall'antichità nella forma delle conchiglie, delle galassie, nella doppia elica del DNA, nell'orecchio umano, così come nella stessa modernità della @ . La spirale fu studiata da Archimede, Aristotele ed altri grandi ricercatori come Leonardo Fibonacci con la sua sequenza matematica riportata nel disegno 0,1,1,2,3,,5,8,13.... Il rapporto dei due termini si avvicina al numero 0,618 considerato come il rapporto della sezione aurea, espressione matematica della bellezza e della natura, legge universale dell'armonia. Ritornando alla figura si può notare in basso a destra, appunto, la spirale in una conchiglia *(con impressi i numeri della sequenza di Fibonacci)* che nasce dal grembo di una donna *(significato di vita)* e legata alla stessa. La spirale sale e attraversa un ponte, qui disegnato con l'arco tipico della scenografia dei TacTusRosa e va a congiungersi ad un'altra spirale ancora presente nel manico dello strumento tipico delle sonorità acustico sinfoniche dei TR: il violoncello.

Si noti sul manico del violoncello il numero 0,618, la cui origine è più sopra spiegata.

Il violoncello si collega al gruppo TacTusRosa e più precisamente al metronomo *(TACTUS era il metronomo dato dalla pulsazione usato dai musicisti fino alla fine del XVIII secolo*) e alla Rosa. Quindi: TacTusRosa, armonia, perfezione.

Sandro Benetti

24 marzo 2012

Una semplice testimonianza, dalla preparazione al debutto, che ha solo bisogno di essere raccontata.

14

24 marzo 2012, giorno del debutto del gruppo musicale TacTusRosa. La band ha sede a Bolzano Vicentino, ne fanno parte 10 musicisti provenienti principalmente da Vicenza, molti dei quali professionisti e insegnanti di musica.

I TacTusRosa eseguono brani dei Pink Floyd e dei Beatles, ma in versione acustica sinfonica. Del gruppo fanno parte una sezione ritmica composta da batteria, chitarra acustica, basso/contrabbasso e pianoforte, e una sezione sinfonica composta da due violini, una viola e un violoncello. Completa il gruppo una voce femminile e una maschile. Io sono il pianista.

L'idea di dar vita a questo gruppo nacque nel mese di marzo 2011; smisi di far parte del gruppo musicale Wit Matrix dopo oltre vent'anni di onorata carriera, scelta non facile e per la quale impiegai parecchio tempo prima di decidermi. Nella vita, difatti, quando si abbandona o si chiude un'esperienza positiva è sempre dura, questa a maggior ragione visto che conoscevo Claudio, Ivan, Paolo e gli altri musicisti da quasi vent'anni. Tutta gente con cui avevo diviso, oltre che le esperienze musicali, la nostra amicizia nel tempo libero, così come varie esperienze di vita. Ho il ricordo ancora presente di quando andai a trovare all'ospedale Loretta e Claudio per le loro gemelline appena nate, Sara e Laura, rimandando di alcune ore la partenza per le ferie. Con Ivan, invece, cominciai a suonare quando avevo appena compiuto sedici anni (lui è qualche anno più vecchio di me). Il gruppo allora si chiamava Gruppo Oreb (come si capisce dal nome nato attorno all'ambiente della Parrocchia di Lisiera) e ci impegnava per un discreto numero di ore la settimana e nei week-end. Ivan abita a un paio di chilometri da casa mia, e con lui condivisi altre esperienze musicali, come quella che ci portò allo stadio “Menti” di Vicenza durante la gara “Interistituti” tra le scuole superiori della città. A quella manifestazione c’era anche Paolo Albiero, attuale chitarrista dei TacTusRosa.

Paolo Magarraggia lo conobbi, invece, quando stava lasciando il gruppo dei Wit Matrix nel 1991 e io cominciavo a farne parte. Durante quel periodo provavamo in un ex teatro a Carturo, in provincia di Padova, per poi stabilire la sala prove al pian terreno di casa mia. Lì registrammo un *demo tape* dal titolo “*Swoda Swoda”* con brani interamente scritti da noi. La copertina aveva la foto storica di mio nonno con una bottiglia di vino in mano. Dopo alcuni anni, con l’avvento dei CD registrammo “*Lo stress del cartomante sclerotico”*. Paolo rientrò quindi gradualmente nel gruppo nei primi anni 2000. Fu lui insieme a Claudio ad avere l’idea del “Tributo ai Pink Floyd” contro la quasi totale diffidenza degli altri elementi del gruppo. Nel 2010 Paolo, dopo lo spettacolo tenutosi al teatro comunale di Vicenza, da buon amico mi affiancò aiutandomi ad affrontare il personale e il responsabile tecnico del teatro, che durante tutta la giornata, nella fase di allestimento, aveva avuto un comportamento irrispettoso e poco collaborativo nei confronti del gruppo.

A fine serata fui l’unico che ebbe il coraggio di dire quello che tutti pensavano: che il comportamento del personale era totalmente non professionale e ci avevano messo nelle condizioni di fare male il nostro lavoro. Paolo rincarò la dose, proprio quando avevo finito le cartucce e mi vide in difficoltà. Avevamo girato parecchi teatri del nord Italia, e ovunque avevamo trovato collaborazione e la giusta determinazione ad arrivare allo stesso fine. Non mi andava giù che il teatro della mia città, dove ero nato e vissuto, avesse personale cosi’ poco disponibile. Paolo, su queste cose era giusto. La pensava come me.

Sandro Benetti

L'idea del gruppo TacTusRosa mi venne in mente qualche mese dopo la conclusione con l'esperienza precedente.

Mi ero preso un momento di pausa, avevo bisogno di rivedere alcune cose, di cambiare parte del mio stile di vita e rendermi più presente in famiglia. Santina, la mia compagna, in quel periodo stava frequentando la scuola serale di Dirigente di Comunità, per prendere la maturità che aveva interrotto quando era giovane; quel titolo le serviva per completare gli studi che stava facendo in Psicologia a indirizzo indovedico e per iscriversi al corso di *Counseling*. Mi resi conto che mio figlio Gabriele aveva bisogno più che mai del papà, io dovevo essere lì sia fisicamente sia mentalmente. Oltre che con la musica, mi fermai anche con la mia seconda attività di import e vendita al dettaglio di luci e parti elettroniche per lo spettacolo, anche se stava andando molto bene. Finalità errate, scopi contorti, obiettivi insani avevano inquinato la mia mente. Avevo bisogno di "purificarmi" e spostare le priorità dove realmente valeva la pena. Con il passare delle settimane mi accorsi che la scelta fatta mi pesava molto meno di quello che pensavo, avevo proprio bisogno di fermarmi qualche mese e recuperare la mia intimità. Avevo bisogno di uscire dal solito cerchio.

Al mio ex gruppo comunicai mesi prima l'intenzione di riposarmi per un breve periodo per poi fare dell'altro, non sapevo bene cosa, ma nella mia mente c'era il desiderio di cominciare un percorso musicale diverso. A giugno 2011 chiamai Mariano Doria, direttore artistico dell'orchestra giovanile vicentina, insegnante al liceo musicale della città. Lo conoscevo da un paio di anni, avevamo scritto le parti del quartetto d'archi per la versione acustica dei Pink Floyd. Non volevo abbandonare l'idea acustica, ma incrementarla con altri gruppi musicali che avevano fatto la storia della musica internazionale e che avevano rivoluzionato assieme ai Pink Floyd la società, i costumi e la cultura degli anni '60.

Gli proposi il progetto di formare un gruppo che replicasse le musiche dei Beatles e dei Pink Floyd, ma in versione acustica sinfonica con una tipica band di quattro musicisti più il quartetto d'archi. Mariano si prese qualche giorno per pensarci. Gli telefonai dopo una settimana come da accordi e mi comunicò il suo assenso a far parte del progetto, con la promessa di lasciar passare le ferie per poi ritrovarci a settembre per definire il da farsi.

Mariano Doria

Era mia intenzione cominciare un progetto originale con persone nuove, che mi impegnasse in una forma differente, coinvolgere discipline musicali diverse che poco avevano a che fare tra loro e musicisti con esperienze diverse: classica, hard rock, tribute band, fusion e jazz. Volevo contagiare le varie forme musicali fra loro e prendere il meglio da ognuna di esse. Anche la scelta dei due gruppi che dovevamo interpretare aveva la stessa logica.

A fine agosto mi incontrai quindi con Mariano a casa di Lorenzo Bari. Quest'ultimo aveva scritto assieme a Mariano le parti degli archi dei Beatles e sarebbe dovuto essere la voce solista del gruppo. Conosceva bene sia il genere dei Pink Floyd (è infatti tastierista dei "Pink Fire", altro gruppo vicentino che replica alla grande le musiche dei Pink Floyd) che i brani dei Beatles (faceva la voce del quintetto DOC, gruppo composto da quartetto d'archi più voce, con cui aveva eseguito qualche concerto in versione classica dei brani dei Beatles). Era la persona perfetta. Mariano e io gli descrivemmo le nostre intenzioni. Lorenzo ne sembrava positivamente impressionato. Tornai a casa felice, ora nel progetto c'erano Mariano, Lorenzo e io, quindi voce, archi, piano e organizzazione. Il pomeriggio del giorno dopo l'incontro ricevetti una e-mail da parte di Lorenzo in cui mi comunicava la sua intenzione di non far parte del gruppo per una serie di motivi che mi avrebbe riassunto per telefono. La sera stessa lo chiamai, lui mi spiegò che la notte gli aveva portato consiglio e le ragioni per le quali il progetto non gli interessava riguardavano una visione diversa su alcuni aspetti logistici e organizzativi. La sua permanenza avrebbe rischiato di essere di intralcio più che d'aiuto. Presi atto della sua posizione, rispettai le sue opinioni, che mi fecero riflettere e di certe ne feci tesoro. Pensai che niente succede per caso: tutto ha una ragione.

Riparlai con Mariano, cambiammo certi obiettivi e cominciammo a muoverci su una linea diversa. Eravamo entrambi d'accordo che i musicisti avrebbero usato il più possibile strumenti con sonorità acustiche, quindi solo pianoforte, chitarra acustica, contrabbasso o basso e così via.

Mi diedi da fare per trovare gli altri elementi del gruppo. Per la chitarra puntai subito su Paolo Albiero; era la persona più indicata. Musicalmente intelligente, gusto straordinario, suoni delicati e aggressivi quando serve. Persona equilibrata che sa ascoltare. Paolo e io formammo il primo gruppetto musicale quando avevamo sedici anni. A quell'epoca non mi ricordo se il gruppo avesse un nome, ma provavamo nel corridoio d'entrata di mia nonna. Anche lui come Ivan faceva parte del già citato gruppo Oreb, che rappresenta recital a carattere religioso in giro per la provincia di Vicenza. Lì avemmo l'opportunità di farci una grande esperienza con la musica d'insieme. Frequentammo il triennio all'istituto tecnico nella stessa classe, dove condividemmo gioie, gite e dolori. Giocammo anche per molti anni nella stessa squadra calcistica. Io ero il portiere e lui il terzino destro.

La scelta dei musicisti e dello staff tecnico non era facile. L'esperienza mi insegnava che dovevo trovare bravi musicisti, disponibili anche alle prove, che sposassero il progetto, che avessero un carattere compatibile, flessibile e che riuscissero a suonare in un gruppo eterogeneo proveniente da esperienze diverse. Era praticamente una M*ission Impossibile*: i musicisti in gamba e a posto sono difatti sempre super impegnati, e non mi è mai piaciuto chi se la tira o crede di essere una star.

Paolo Albiero

Oltre che alla ricerca dei musicisti stavo intanto lavorando su altri fronti, tipo lo staff tecnico, quello fonico, l'impianto audio, il datore luci, la scenografia, il sito, il titolo dello spettacolo. Il nome del gruppo era ancora da stabilire. Ci pensai parecchio, non c'era niente che mi piacesse, per ogni nome che pensavo eseguivo una ricerca su Facebook e sui motori di ricerca e puntualmente risultavano già usati. Mandai la lista di quello che avevo elaborato a Mariano: "Delicate sound of BePink", "BPF", "SoftPink", "The Beatles Floyd", "EasyBeat" ed altri ancora.

Dopo alcuni giorni mi chiamò Mariano e mi disse che forse era meglio dare al gruppo un nome in italiano, senza per forza usare l'inglese. Uno dei nomi proposti era "Beat Pink": avevo semplicemente preso Beat per i Beatles e Pink per i Pink Floyd. Mariano mi suggerì di tradurlo in italiano, per i Pink la traduzione era praticamente scontata e obbligata: Rosa. Per i Beat la traduzione poteva essere Tactus, che era la misura del tempo usata in musica classica fino al XVIII secolo e corrisponde alla pulsazione del polso per una battuta. Ne usciva TacTusRosa. Mariano aveva colpito nel segno, era un colpo di genio dell'artista. Il nome mi piacque subito. Proprio quello che serviva. Intrigante, originale, nuovo, assolutamente non presente su Internet. Non avrei avuto difficoltà a trovar libero il dominio di secondo livello su Internet (www.tactusrosa.com) al momento della registrazione. In seguito molti mi chiesero l'origine del nome TacTusRosa, io lo spiegavo ogni qualvolta mi veniva richiesto. Un giorno decisi di creare una pagina apposita sul sito denominata "Curiosità", dove appunto chiarisco la provenienza del nome del gruppo.

Dopo alcune settimane un gruppo di Roma, formato da musicisti professionisti di un'altra band dei Pink Floyd, ineccepibili dal punto di vista musicale, mi scrissero su Facebook facendomi gli auguri per questo nuovo progetto. Si risentivano solamente sul nome TacTusRosa visto che somigliava al loro: Fluido Rosa. Spiegai la ragione del gruppo e dell'origine del nome e che Pink non vedevo altro modo di tradurlo se non con Rosa. La traduzione di Pink in Rosa è comunque maccheronica. Il nome, infatti, nella mente di Syd Barrett e company non voleva riferirsi al colore rosa, ma a un musicista blues americano Pink Anderson. Mariano in una delle ultime prove mi disse che sarebbe stato bello invece di "TacTus-Rosa", "TacTus-Fluido" che dava un senso del ritmo sciolto e armonioso. Io sorrisi e lo persuasi a mantenere il nome TacTusRosa. Farsi odiare prima di cominciare sarebbe stato puro autolesionismo.

TacTusRosa

Per alcune occasioni andai a Ferrara ad accompagnare al pianoforte alcune manifestazioni dell'associazione Implusesart (www.impulsesart.com) degli amici Umberto, Dino e Gabriele. Mi decisi a chiedere all'artista creativo e amico, Dino, il suo aiuto. Avevo bisogno della grafica del nome del gruppo (TacTusRosa) e dello spettacolo (Beatles Vs Pink Floyd). So usare discretamente programmi grafici, ma raramente trovo piacevole e originale quello che creo. Gli spiegai che la grafica del nome mi sarebbe piaciuta con gli stessi *font* utilizzati nella grafica originale dei due gruppi per richiamare il genere. Dopo alcuni giorni mi inviò la grafica dei TacTusRosa. Era semplice quanto meravigliosa. Aveva utilizzato i *font* simili ai Beatles in Tactus e per Rosa aveva utilizzato i *font* dei Pink Floyd colorati di rosa. Aveva poi aggiunto il tocco dell'artista, mettendo tutt'e due le lettere T di TacTus maiuscole, in modo di dare un ritmo al nome TacTusRosa. Fantastico!

Per il logo dello spettacolo accerchiò i Beatles e propose la classica piramide sui Pink Floyd. In mezzo mise la scritta Vs. Il cerchio dei Beatles stava a significare la perfezione e l'armonia della loro immortale musica. Era invece obbligato il triangolo per i Pink Floyd che era simbolo dell'equilibrio e della perfezione dei loro pur marcati suoni, e inoltre il simbolo della loro copertina *The Dark side of the Moon* del 1973, con il prisma dove la luce entra bianca per rifrangersi e quindi trasformarsi nello spettro cromatico. Questa era anche la *mission* dei TacTusRosa. Mandai questo logo a Mariano, il quale suggerì di levare la scritta "Vs" perché sembrava che volessimo mettere in contrapposizione i due gruppi. Era meglio trovare qualcosa che unisse i due generi. Fra l'altro questo era il nostro scopo, unire due generi musicali che avevano fatto la storia della musica pop-rock con sonorità acustico-classiche.

Decidemmo di unire i Beatles e i Pink Floyd con una nota musicale. Il titolo dello spettacolo sarebbe quindi stato "*Beatles e Pink Floyd, oltre il già noto*", proprio perché stavamo proponendo qualcosa che andava fuori da ogni regola e oltre a quello che già si conosceva dai tributi vari.

Intanto, continuai la scelta dei musicisti. La sorella maggiore di mia mamma era molto malata. A settembre 2011 passò a miglior vita. Il funerale si celebrò nella chiesa più antica di Vicenza, Sant'Agostino, in cui Paolo Rossi "Pablito" attaccante del Real Vicenza di quegli anni e della nazionale degli anni '80 si sposò. Ci ero passato vicino molte volte, ma non ero mai entrato. Mia cugina Maddalena mi chiamò per chiedermi se potevo accompagnare i vari canti con l'organo. Il giorno prima del funerale andai in chiesa a incontrare il prete che avrebbe celebrato il rito funebre, per metterci d'accordo sui canti.

Entrai in chiesa e subito ne fui meravigliato, l'interno era composto da un'unica navata, semplice in mattoni, con una serie di affreschi del '400. L'acustica era perfetta con un riverbero naturale straordinario, ideale per concerti di musica classica, che tuttora vengono eseguiti al suo interno. Il prete mi propose alcuni canti, anche su suggerimento di Maddalena, anomali per un funerale: *Ave Maria* di Gonoud, *Signore delle cime* di De Marzi (brano che mia zia adorava), *Fratello Sole sorella Luna.* Ci pensai un attimo e proposi l'ausilio di un flauto. Maddalena e il prete restarono perplessi e mi confermarono che non sapevano chi chiamare, io gli dissi che se loro erano d'accordo, ci avrei pensato io. Chiamai Beppe Corazza, conosciuto praticamente da tutta la Vicenza musicale, suona tutto e di più, ma nessuno mai aveva osato domandargli di suonare a un funerale. Un po' titubante accettò.

L'esecuzione dei brani durante il funerale, con il suono del flauto e l'accompagnamento dell'organo con il riverbero naturale della chiesa, si diffuse in un modo così dolce, penetrando nell'animo, che emozionò più di qualcuno. All'uscita molti parenti mi ringraziarono e addirittura alcune persone si prenotarono con alcuni brani per la loro cerimonia di morte! Chi avrebbe voluto "*Mission*", chi il già citato "*Signore delle cime*" e così via. Io osservavo Beppe, che più di una volta sfiorò velocemente le sue parti intime! Prima che iniziasse la cerimonia ebbi l'occasione di spiegargli il progetto dei TacTusRosa e che stavamo cercando un bassista in gamba. Beppe mi fece il nome di Giorgio Pietrobelli. Quando lo chiamai, fu un piacere scambiare idee con lui, sapevo che era un musicista capace, ma quel breve colloquio mi diede la sensazione d'aver a che fare con una persona anche pratica, concreta e genuina. Mi piaceva! Non mi sono mai andate a genio le persone che parlano troppo, perché spesso chi ha tanto da raccontare, poi non conclude niente. Subito dalle prime prove Giorgio si dimostrò un musicista capace che suonava sia il basso elettrico che il contrabbasso, "macchinava" note con precisione e mai a casaccio.

Giorgio Pietrobelli

Per la batteria, Mariano propose il progetto a Graziano Colella: un nome, una garanzia, era noto nell'ambiente musicale vicentino e non solo. Oltre ad essere un grande musicista, Graziano ha una capacità notevole di mettere a suo agio le persone con cui suona. Quando lo contattai mi incoraggiò a cominciare le prove il prima possibile in modo di non prenderci con l'acqua alla gola pochi giorni prima dello spettacolo. Un vero professionista.

Graziano Colella

Il gruppo era adesso formato per l'80%. Per gli archi ci avrebbe pensato Mariano, sarebbero stati senz'altro ottimi musicisti di grande esperienza. Un mese prima dello spettacolo Mariano mi comunicò i nomi degli archi che dovevo poi riportare sui manifesti. Uno di questi era Enrico Graziani, 19 anni, violoncellista fuoriclasse. Stella emergente del panorama classico italiano. Al secondo violino Massimiliano Tieppo, insegnante all'istituto musicale di Thiene. Infine Francesco DeSanti. Il nome mi era familiare e mi riportò indietro con la memoria di circa trent'anni: mia nonna e quella di Francesco (soprannominato DeSa) erano amiche fino dai tempi dell'ultima guerra. Quando eravamo bambini, subito dopo la fine della scuola, le due nonne ci portavano al mare fino alla fine di giugno in una località vicino a Jesolo. Con Francesco, suo fratello Gaetano e altri miei cugini passai per molti anni le vacanze al mare assieme. Dall'ultima vacanza al mare con la nonna non lo vidi più, anche se abitiamo nella stessa città. Questo ricordo mi emozionò un po': il nuovo percorso dei TacTusRosa mi dava anche la possibilità di incontrare amici di infanzia! DeSa ha ora quattro figli e tutti i suoi capelli: mi ha battuto su tutt'e due le cose, dato che oramai, i miei li conosco per nome (i capelli).

Enrico Graziani

Francesco DeSanti

Enrico Tieppo

Intanto stavo continuando con la programmazione del sito www.tactusrosa.com. Lo indicizzai meglio che potevo e cominciai a registrarlo sui motori di ricerca. Era fondamentale entrare in rete velocemente, anche se sapevo che l'indicizzazione richiede tempo e pazienza.

Stavo anche scaricando i filmati e le immagini da Internet che avessero a che fare con i Beatles e i Pink Floyd e con i brani proposti, in modo da preparare la presentazione di PowerPoint da proporre poi in sequenza durante l'esecuzione dei brani. Per questo chiesi l'aiuto iniziale a Emilio che mi diede alcune dritte su cosa e come scaricare i video. Mi elencò alcuni trucchi su come ottimizzare la presentazione. Venne a casa mia un paio di volte sempre con grande disponibilità.

Per proiettare i filmati mi serviva un datore video affidabile. Domandai all'amico Raffaele dei Wit se poteva seguirmi, i nostri spettacoli non sarebbero stati molti, ma il debutto dei TacTusRosa combaciava proprio con una data del mio ex gruppo, quindi Raffaele mi comunicò di non potermi aiutare. Domandai quindi a Giovanni Berdin, collega di lavoro. Giovanni era effettivamente la persona più giusta, disponibile, competente e affidabile. Prese in mano la situazione e riuscì a ottimizzare la presentazione su PowerPoint con altre opzioni interessanti di cui non ero a conoscenza. Ancora una volta il detto "Niente succede per caso" aveva lasciato il segno.

Mariano e io dovevamo ancora decidere le due voci da affiancare al gruppo. Per quella femminile Mariano spingeva per Rossana, una voce straordinaria, una garanzia sul palco, già brava quando la conobbi cinque anni fa, da allora è costantemente cresciuta fino a diventare una realtà nel panorama vicentino. Le telefonai un paio di volte, era impegnatissima con tante situazioni e progetti e non intravedevo in lei l'interesse e l'entusiasmo al progetto. Comunicai questo a Mariano, che ancora vedeva in lei la persona più indicata. Io conoscevo altre due brave voci femminili, ma la prima aveva problemi alle corde vocali e la seconda un'estensione di voce che non le permetteva di eseguire alcuni brani dei Pink Floyd. C'erano anche altre cantanti, ma erano tutte impegnate con altri spettacoli e gruppi. Una cosa era chiedere l'aiuto in caso di emergenza e una cosa era chiedere la disponibilità continuativa. Ammesso e non concesso che avrebbero accettato, sicuramente ci sarebbero stati problemi con i gruppi di cui facevano parte. La musica è straordinaria, riesce a far esprimere e venir fuori l'interiorità dell'individuo; ti apre la mente a 360 gradi, ma non sempre è così, per alcuni colleghi rende la mente direzionata verso aspettative effimere.

Mi proposero di domandare la disponibilità a Claudia Valtinoni, voce cristallina e soave. Stella emergente. Quando le proposi il progetto, la serietà del percorso, il valore dei musicisti e la serenità con cui ci approcciavamo a questo lavoro, Claudia si prese qualche giorno per pensarci. La settimana dopo mi inviò una e-mail dando la sua disponibilità. Ne ero felicissimo, avevo avuto occasione di ascoltarla su Internet in duo con Tony Moretti, con il loro gruppo "A bassa voce". La voce era magnifica. Ora mi sono abituato, ma durante le prime prove quando cantava mi distraeva dalla mia esecuzione al piano. Claudia sin dal primo giorno si è dimostrata affidabile, sincera, di piacevole compagnia, proprio una cara ragazza.

Claudia Valtinoni

Mancava ora la voce maschile. La scelta andò inizialmente su un cantante dell'alto vicentino, profondo conoscitore dei Beatles, ma comunque di quasi tutti i generi musicali, insegnante di chitarra e di musica di insieme. Il suo nome mi fu suggerito da Claudio dei Wit. Andai ad ascoltarlo in un piccolo pub. Solo lui con la chitarra. Devo dire che l'impressione non fu ottima, le canzoni che interpretò dei Beatles non erano male, quelle dei Pink abbastanza disastrose. Diedi la colpa all'impianto regolato molto male, la sua voce non era in condizioni perfette e forse avevo ancora nell'orecchio Mirko, l'ex cantante, quindi ogni altra voce mi sembrava fuori luogo. Dopo alcune prove mi resi conto che non era proprio la persona adatta. Per l'obiettivo del gruppo, le sue qualità vocali non andavano bene. Dal punto di vista di *front man* faceva la sua bella figura, era un tipo interessante, stravagante ma carismatico, senza problemi nell'interagire con il pubblico sia che fossero poche persone oppure tante.

Mi presi alcuni giorni per decidere, è sempre brutto dire a una persona che non è quella giusta. Questo cantante aveva già fatto alcune prove e dedicato tempo ed energia al progetto, probabilmente aveva sparso la voce del nuovo gruppo in giro ad amici e conoscenti. Dal punto di vista caratteriale era straordinario, il classico pezzo di pane e questo mi rendeva il compito ancora più ingrato. Quando sei il referente di un gruppo ci sono oneri e onori, toccava quindi a me dargli la notizia. Lo chiamai al telefono per dirgli che avevo bisogno di parlargli di persona. Si era già immaginato cosa dovevo dirgli, ci trovammo in un bar vicino alle sue zone di domenica mattina e gli comunicai i risvolti. Mi rese il compito semplice. Nel frattempo, in due giorni provai altri quattro cantanti. La scelta ricadde su Luca Totti. Un musicista, suona il piano, la batteria e canta. Esegue lavori di fonico, è dotato di un ottimo orecchio musicale, è molto veloce nell'apprendimento dei brani, bravo a interagire con il pubblico, per niente intimorito sul palco. Conoscitore dei due gruppi, Beatles e Pink Floyd, seppure non li avesse mai interpretati in precedenza. Le sue qualità canore così originali, il suo entusiasmo, la sua disponibilità, il saper creare il giusto sound con Claudia ne facevano la persona giusta.

Luca Totti

Il gruppo era formato. Ogni musicista era impegnato con altri progetti e altre esperienze musicali. Durante il corso dell'anno ci sarebbero state senz'altro coincidenze e sovrapposizioni nelle date o nelle prove. La comunicazione degli eventi e appuntamenti fra noi era importante, doveva essere chiara e precisa, solo in questo modo si sarebbero evitati fraintendimenti e disguidi. Così stabilii subito una piccola rete virtuale fra noi attraverso e-mail, via telefonica, sms o chat su Facebook. A tutti i musicisti del gruppo inviai i numeri telefonici e gli indirizzi e-mail degli altri elementi in modo da stabilire una continua e solida comunicazione. Mi sforzai di capire le priorità di ognuno dei musicisti e di adattare le esigenze del gruppo alle loro priorità, ogni elemento del gruppo apparteneva a una storia diversa e sicuramente più forte dei TacTusRosa, quindi era mio compito creare un equilibrio fra le varie forze.

Stavo lavorando alla scenografia. Parto sempre dal concetto che un concerto si va a vedere, nel senso che deve essere bello sia da ascoltare sia da vedere. L'idea era quella di inserire delle video proiezioni in un contesto classico antico. Dovevo inoltre pensare a una produzione dove la parte scenografica e service audio luci andassero ad influire sul costo il meno possibile. Perciò decisi che per le videoproiezioni avrei usato un proiettore in retroilluminazione con piedistallo da terra che avesse una lente focale da 0.60, quindi corta distanza e grande proiezione. Avrei evitato così di appendere il proiettore su americana e avere i soliti vincoli di distanza. Il proiettore doveva lavorare in verticale anziché in orizzontale come normalmente dovrebbe funzionare, così da poter sfruttare tutta la luminosità della proiezione sullo schermo. Avrei dovuto girare tutte le immagini, scritte, video di 90° su PowerPoint. Era un lavoro che richiedeva tempo, ma non era difficile da eseguire. Costruii insieme all'aiuto di mio papà un piedistallo e una staffa apposita per il proiettore. Decisi di far a meno dell'americana di retro e di usare solo l'americana frontale (struttura in alluminio che permette di sollevare l'apparato illuminotecnico rispetto al palco) all'occorrenza, quando i teatri non erano provvisti dei fari sagomatori bianchi puntati su ogni musicista. Tutto il resto delle luci sarebbero state posizionate a terra.

Come schermo non mi piaceva quello rotondo ormai strausato da tutti i gruppi che interpretano i Pink Floyd, e nemmeno quello rettangolare che dava le somiglianze di un allestimento più da conferenza che da spettacolo musicale. Decisi di costruire una porta in stile romano, due metri di larghezza per tre di altezza, con l'estremità superiore ad arco. Quando descrissi l'idea a Joe – il fratello di Santina – questo la definì come la porta antica che ti fa entrare nel futuro. Il telo di retroproiezione doveva essere poi ritagliato sulla sagoma della porta romana. Andai nei negozi tipo Brico per capire il costo del legno. Mi resi conto che la spesa sarebbe stata significativa e così mi arrangiai in un altro modo. Feci un conto grossolano del legno che mi sarebbe servito e per alcuni giorni raccolsi i pezzi cercando nell'ecocentro o nelle discariche. Quando ebbi tutto il materiale cominciai con l'intagliare i pezzi e costruire la porta romana. Costruii anche due colonne alte 2 m con base da 50cmx50cm da posizionare ai lati del palco, dove sopra avrei fatto mettere due delle quattro teste mobili pianificate per lo spettacolo. La mia idea era di non utilizzare strutture di alluminio sul palco, ma solo due pedane 3x2 m per rialzare la batteria e il piano. Tutti i musicisti dovevano essere visibili sul palco e avere la stessa importanza. Colorai tutti i pezzi di legno di color bianco avorio e poi li assemblai. Una porta romana e due colonne. Mio padre quando vide la scenografia costruita e montata ne restò stupito. La scenografia era fatta in modo da poter essere smontata in più pezzi e trasportata anche con un'utilitaria. Chiesi a Joe, appassionato di arte, se poteva disegnare sulla porta romana dei finti mattoni, in modo da renderla più realistica e aumentare l'impatto visivo. Un sabato mattina capitò a casa mia con i colori nero, giallo, verde e bianco. Non capii bene cosa c'entrava il verde con i mattoni, ma l'artista era lui.

Montammo la scenografia e si mise a dipingere la porta, prima con il pennello che poco dopo abbandonò per usare direttamente le dita. A lavoro finito mi disse che da distante la porta avrebbe avuto un effetto spettacolare. Lì per lì restai perplesso, da vicino non mi dava la sensazione che avevo immaginato, poi pensai che ad ogni persona la sua arte. Joe mi meraviglia sempre quando costruisce qualcosa, quando disegna, riesce ad analizzare, intravedere cose che io non percepisco. Mi disse che bisognava rifinire le colonne, la porta romana e il pianoforte a coda bianco con dell'edera, in modo da dare un tocco di naturalità all'opera. Quest'azione di Joe rispecchiava quella vissuta con Dino, stavano mettendo il tocco dell'artista a servizio dei TacTusRosa! Mio padre, dal suo orto, rivide la porta romana montata proprio vicino all'ingresso della mia abitazione e non fece nessun commento.

La sera del nostro debutto mio padre e mia madre furono i primi ad entrare in teatro, quando videro l'allestimento sul palco con la porta romana al centro colorata nei due punti laterali da fari a led e che proiettava sullo schermo alcune immagini, colonne ai lati, con l'edera che faceva da ornamento, pianoforte a coda a destra e batteria a sinistra entrambi rialzati di 60 cm rispetto al palco e quattro sedie bianche di fronte all'arco, si dovettero ricredere. Joe, nella sua mente, aveva visto giusto, effettivamente il boccascena era stupendo e di forte impatto.

Per il service audio luci scelsi la Bieffe Servizi di Enrico Fornaro e Gianluca Burato. Avevo già lavorato con loro, conoscevo la loro bravura, gentilezza, professionalità e semplicità, anche i costi erano abbastanza contenuti e infine erano all'altezza sia per il teatro che per situazioni con affluenza di pubblico più alta. Sapevo che girare con lo stesso service, quando possibile, implica grandi vantaggi di regolarità del suono e massimo utilizzo delle luci dallo stesso operatore. Tutto il gruppo di musicisti e staff doveva interagire in armonia, serenità e con un sincronismo perfetto.

Il loro magazzino distava circa tre chilometri da casa mia, molto comodo da raggiungere per pianificare lo spettacolo e sincronizzare audio, luci e video. Gianluca si sarebbe occupato delle luci. Gli diedi una stampata a colori di tutte le immagini e video in ordine canzone per canzone, così che potesse procedere con la preprogrammazione. Enrico avrebbe fatto da assistente di palco per lasciare il posto di fonico a Renato Crivellaro, che già conoscevo. Un ottimo orecchio musicale, mi è sempre piaciuto per la delicatezza e rotondità dei suoni. Crede ancora che il suono si calibri attraverso la mente e l'orecchio e non con l'uso di macchine e software. Renato era la persona ideale per questo genere di musica.

La produzione era praticamente completata. I musicisti erano al completo, il service audio-luci assieme al fonico, datore luci e datore video anche. Tutte persone con un livello professionale elevato e caratterialmente equilibrate. Mi sembrava che i valori fossero condivisi. I TacTusRosa dovevano avere un proprio modo di manifestarsi e di comportarsi, sia dal punto di vista musicale che dell'organizzazione. Lo stile del gruppo riassume i valori dello stesso. Più riuscivamo a caratterizzarci più avremmo avuto opportunità di "successo". L'immagine che proiettavamo verso gli altri doveva essere reale.

Dovevo trovare ora un luogo dove cominciare ad esibirci.

Da settembre 2011 avevo cominciato a far parte del comitato gestione teatro di Bolzano Vicentino, il referente del gruppo da molti anni è Azalea, mentre il gruppo è composto da nove persone tutte del paese tranne me, tutti volontari. Do una mano a tener pulito il teatro e assieme a Giovanni ci occupiamo di sistemare la parte tecnica e integrare l'impianto con nuove luci, audio e strutture.

Il lavoro mi ha insegnato tante cose. Per un periodo mi assegnavano compiti e progetti particolari (definiti Special Project) che poco avevano a che fare con il mio lavoro, ma che io trovavo interessanti e una sfida da portare a termine. Poche e superficiali erano le informazioni che mi davano per iniziare il progetto, per il resto mi dovevo arrangiare da solo. Imparai che quando si comincia un progetto ci sono varie fasi e alcune cose che non si possono ignorare. Un progetto ha bisogno di un obiettivo finale, relazionarsi positivamente sia con il gruppo interno sia con quello esterno, chiarezza di intenti e ordine, trasparenza e lucidità nel comunicare le esigenze e i traguardi. Una freschezza mentale sempre presente e velocità nel prendere decisioni. Gli obiettivi possono essere modificati, ma non cambiati completamente. Il progetto deve essere sostenibile anche finanziariamente. Ultima cosa: il progetto deve essere un successo! Non portare a termine uno di questi punti conduce il progetto al fallimento. Per i TacTusRosa era la stessa cosa, il gruppo doveva esibirsi dove il successo era assicurato. Il teatro Ariston di Bolzano Vicentino faceva al caso nostro con 340 posti, un numero non così impegnativo come sembrerebbe a prima vista. Oltre al fattore economico c'era il fattore "immagine" da considerare. Per esperienza sapevo che un teatro riempito a metà sarebbe risultato mezzo vuoto. Il teatro Ariston di Bolzano Vicentino era il posto ideale. Il comitato me lo diede in comodato d'uso gratuito e si resero gentilmente disponibili ad aiutarmi per la promozione e per l'organizzazione.

Nel frattempo mi ero fatto una previsione delle spese e dei costi. Il risultato di un probabile introito con i biglietti, levate tutte le spese, fra cui SIAE, manifesti, tasse e service, mi portava fuori budget. Mi mancavano 700 euro. Chiesi allora un incontro con l'assessore alla cultura di Bolzano Vicentino a cui descrissi il progetto e che mi propose di aiutarmi con lo spettacolo in cambio di un aiuto: dedicare lo spettacolo alla fondazione "Città della Speranza". La fondazione la conoscevo già. In un'occasione in cui suonai il pianoforte per una trasmissione calcistica sul Vicenza Calcio, Stefania Fochesato, segretaria della fondazione, presentò durante la trasmissione il progetto della "Torre di ricerca" da realizzarsi a cura della Fondazione: un centro di ricerca con l'obiettivo di eseguire ricerche scientifiche sulle malattie oncologiche dei bambini. Fare qualcosa per la "Città della Speranza" mi interessava tantissimo, quindi accettai.

Chiesi anche una sponsorizzazione a ferramenta Galvan di Bolzano Vicentino, per coprire parte delle spese del materiale cartaceo. Non mi ero sbagliato sui conti. A fine spettacolo, pagate tutte le spese, il gruppo era rimasto con 30 euro all'attivo, anche se il contributo del Comune tuttora non è arrivato!

Il sito web era a posto, mancava il materiale promozionale tipo video, foto e audio. Per il video e l'audio non potevo far altro che aspettare, per le foto cercai di ritagliare materiale dalle esperienze passate.

Avevo deciso la scaletta dei brani da proporre allo spettacolo, mettendoli già in sequenza. Durante le prove avremmo eseguito le canzoni secondo la scaletta in modo da prendere familiarità con lo spettacolo e saperci regolare con i tempi. Avremmo eseguito le canzoni dei Beatles e dei Pink Floyd alternati. Lo spettacolo doveva essere vario e interessante, quindi nella scaletta si dovevano alternare i brani lenti con quelli più ritmati, così come le voci soliste, e avvicinare i brani eseguiti da Paolo con lo stessa chitarra, per evitare continui cambi di strumento e tempi morti. Luca avrebbe avuto l'incarico di tener viva la serata con alcuni interventi. Risolvemmo alcuni problemi con le tonalità dei brani, quelli eseguiti da Claudia erano tutti da modificare dall'originale. Durante le prime prove ci furono alcuni fraintendimenti di tonalità che si risolvettero nel giro di un paio di esecuzioni. Andai da Mariano per trascrivere le parti degli archi nelle tonalità appropriate. A lavoro fatto mi passò tutti i file che io stampai e rilegai con i brani già in ordine della scaletta stabilita. Tutti i musicisti avevano le partiture in ordine, a parte la mia che è tuttora incasinata, come il proverbiale calzolaio che "va in giro con le scarpe rotte". Il lavoro che stavo facendo era comunque abbastanza visibile al gruppo, quello dei musicisti e dei tecnici nella preparazione e programmazione molto meno, ma mi accorgevo che tutto il gruppo stava lavorando intensamente al progetto. Una parola di riguardo va a Mariano, arrangiare e scrivere parti per gli archi di 30 pezzi richiede tantissimo tempo. Un grazie a lui e a Lorenzo Bari per le parti degli archi dei Beatles.

Mariano e io, invece, arrangiammo le parti dei Pink Floyd, qualche anno prima. La stesura delle parti richiese parecchio tempo, ci trovavamo a casa di Mariano che stava restaurando. Ad ogni incontro il posto di lavoro era diverso. Una volta in cucina, una volta in sala… mentre il divano dove ci sedevamo era sempre in una posizione diversa. La camera di Mariano e Antonella era al primo piano e per salire al piano superiore usavano una scala di legno che dalla sala raggiungeva il primo piano attraverso un buco nel soffitto. Quando sono tornato recentemente, la casa ha cambiato completamente aspetto e i lavori sono ultimati. Il buco nel soffitto è stato chiuso.

Finivamo costantemente non prima delle due-tre di notte, una volta eravamo così stanchi di inserire quegli strani punti neri sul rigo musicale, che quando salvammo il nome del file, invece di riportare il nome esatto, Mariano scrisse qualcosa senza senso tipo "Chsggfsczzz", i suoi occhi erano rossi e lucidi, io avevo già staccato la spina molto prima. Quando ci ritrovammo la volta dopo, a vedere quello strano file pensammo inizialmente a un virus nel sistema, invece era l'ultimo brano a cui avevamo lavorato! Scoppiammo a ridere, eravamo così stanchi e fusi che non ci rendevamo conto di quello che stavamo facendo.

La sera del debutto si stava avvicinando, avevamo organizzato le prove in modo più leggero possibile, sapendo che il tempo è diventato una risorsa sempre più scarsa. Cominciammo con una prova a ottobre, una a novembre solo con basso, piano, chitarra e voce maschile. A dicembre cominciammo con due prove come a gennaio e febbraio con l'introduzione della batteria e voce femminile. Con Claudia mi ero trovato a parte un paio di volte per definire le varie tonalità dei brani. Così come le due voci e Paolo, che cantava alcuni cori, si trovarono un sabato pomeriggio per rifinire la parti vocali. A marzo provammo tutte le settimane all'accademia musicale di Thiene, dove Graziano insegna, e con la prova generale il sabato prima assieme al quartetto d'archi che iniziò alle 13:30 per finire verso le 21:00. Era la seconda prova con il quartetto d'archi e alla fine di quella sera ero fuso; a differenza degli altri, prove così lunghe erano per me impensabili. Dopo tre ore ero già pronto per tornare a casa; durante questi incontri mi resi conto di un modo diverso di affrontare il brano. Erano prove mirate a capire e interpretare il brano. Ci si soffermava quando c'erano errori di interpretazione senza provare ogni qualvolta tutto il brano. I pezzi si stavano studiando in modo attento, annotando ogni cosa sulla partitura. Più di una volta Graziano pose l'attenzione sull'imprecisione di alcuni finali, non tutti ci demmo peso. Mi resi poi conto di quanto sosteneva quando riascoltai le registrazioni del debutto. In effetti, i pezzi erano suonati molto bene, ma l'imperfezione di alcuni finali causava un senso di incompletezza del brano intero.

Era interessante notare la collaborazione all'interno del gruppo, nessuno dei musicisti pensava di saperne più dell'altro e che non avesse più nulla da imparare. Questa la consideravo una enorme ricchezza. Il gruppo di musicisti era ora ben amalgamato e con grandi individualità.

La data del debutto, in accordo con il comitato del teatro, fu stabilita quindi per il 24 marzo. Conclusi le trattative anche per un'altra data al Piccolo Teatro di Padova con gli amici Massimo e Mauro dell'associazione musicale "Tempi e Ritmi" per il mese di aprile. Preparai le locandine e le mandai in stampa presso una tipografia tedesca on-line che ha prezzi molto più bassi di quelle tradizionali, ma con la stessa qualità. Feci stampare anche 10.000 volantini che sarebbero stati distribuiti nei bar, presso le scuole e i parcheggi di Bolzano Vicentino e paesi limitrofi. Presi accordi con Mario, presidente uscente della Pro loco di Bolzano Vicentino, per darmi una mano durante la fase promozionale di volantinaggio in alcuni paesi non limitrofi al teatro. Cominciammo la promozione cartacea dell'evento circa un mese prima. Dopo quindici giorni ripassai in alcuni luoghi dove erano stati affissi i manifesti e mi accorsi che erano stati rimossi. Capii che la promozione era partita troppo in anticipo e i manifesti più di un paio di settimane, specie nei locali pubblici, non durano.

Stabilii tre punti di prevendita nei paesi vicini all'evento che mi tenevano in costante aggiornamento su come andava la vendita dei biglietti. Con mia grande sorpresa le prevendite andarono bene: di solito più il teatro si trova fuori città, più la mentalità "prevendite" non esiste: gli spettatori aspettano sino all'ultimo momento e poi comprano alla biglietteria del teatro.

Chiesi la collaborazione e la partecipazione del coro voci bianche "Betania" di Lisiera per l'interpretazione di due brani, il classico *Another Brick in the Wall* e *Hey Jude*, ultimo brano dei Beatles in programma, in modo da concludere lo spettacolo tutti assieme. La partecipazione del coro sarebbe stata una bella esperienza per i ragazzi che potevano provare l'emozione di un palco tutto per loro con gli sguardi del pubblico puntati su di loro. Avrebbe inoltre assicurato un'affluenza maggiore di pubblico, complice la partecipazione dei genitori di altri parenti. I ragazzi durante la loro interpretazione furono bravi e fecero la loro bella figura, all'inizio stentavano a tirar fuori la voce, ma nel finale di *Hey Jude* diedero sfogo alle loro ugole. L'esperimento del coro voci bianche fu positivo e diventerà una costante di ogni prossima esecuzione.

Durante la fase promozionale e organizzativa il comitato del teatro mi diede un grande aiuto. Con Riccardo andai a timbrare i manifesti per le affissioni nei vari punti appositi dell'ICA e alla Siae per le documentazione e i permessi vari. A lui il compito di compilare le richieste. Sapevo che andare alla SIAE, ente che io considero inutile, è sempre un terno al Lotto; quel giorno capitai difatti dalla persona sbagliata che mi fece versare 300 euro come caparra con un biglietto intero da 10 euro e 340 posti a disposizione. In passato mi capitò di andare in altre filiali SIAE e depositare 50 euro con un biglietto intero da 12 euro e 750 posti a disposizione! Per un certo periodo mi impegnai di capire che percentuale la SIAE trattenesse su ogni incasso, poi decisi che era tempo sprecato, dato che i conteggi SIAE sono abbastanza soggettivi. Quando andai all'ICA di Vicenza per porre il timbro di affissione sui manifesti, la somma da versare risultava maggiore rispetto a quella che supponevo. Di solito con il patrocinio del Comune ed essendo associazione senza scopo di lucro spetta il 50% di riduzione. L'entrata era a pagamento e per evitare che le persone mi domandassero il costo del biglietto, indicai nei manifesti l'ammontare del biglietto intero, ridotto e del biglietto famiglia, che comprendeva genitori più un figlio. Anche se nei manifesti non c'era nessun tipo di "pubblicità" in senso stretto, indicare i costi dei biglietti veniva considerata tale. Era mio intento non superare le spese prestabilite, quindi, non avendo ottenuto il previsto 50% di sconto su ogni timbro, dovetti ridurre il numero di manifesti da esporre, altrimenti sarei andato fuori budget. Quel giorno capii uno dei motivi per il quale sui manifesti non viene indicato il costo dei biglietti.

Con mio cognato Francesco preparammo gli articoli da inviare alle varie testate giornalistiche. Era ormai da un anno che non avevo più contatti con la redazione spettacoli dei giornali locali. Ci volle qualche giorno per ristabilire il collegamento con i vari giornalisti. Uscirono due articoli, uno sul "Gazzettino" e uno sul "Giornale di Vicenza". Inviai parecchie newsletter attraverso e-mail. Mi dovetti iscrivere a Facebook, cosa che avevo sempre evitato fino ad allora, ma utile per dare visibilità al gruppo. Su Facebook creai un evento e mandai circa 500 inviti a persone che conoscevo. Gli utenti, una volta ricevuto l'invito possono poi decidere se cliccare su Partecipa, Forse o Rifiuta. Dal numero di "partecipanti" di solito poi solo il 30% effettivamente viene all'evento. Mi iscrissi a parecchi siti di eventi, dove segnalai la data per far sì che la visibilità del sito TacTusRosa.com aumentasse sui motori di ricerca; tutto serviva per dare risalto al concerto.

Arrivò il sospirato 24 marzo: da tempo stavo aspettando quel giorno e tutto ero organizzato fin nei minimi particolari. Caso strano ma vero, non ricordo che ci sia stato il classico imprevisto. Ogni elemento del gruppo sapeva orari e compiti. La giornata scivolava via in fretta, io ero calmo e tranquillo e i tempi erano come da programma. L'ambiente era sereno e piacevole. Nel pomeriggio spiegai a Riccardo come operare in cassa. Aveva già cambiato i soldi da carta in moneta nella quantità da lui stimata in base al costo del biglietto e a quelli invenduti, per dare il resto a chi avesse preso il biglietto *in loco*. Da ex bancario in pensione rivoluzionò il mio modo di procedere e in poco tempo aveva memorizzato i molti nominativi delle prenotazioni. Praticamente un fuoriclasse della contabilità.

Gianluca, in confidenza chiamato Lucignolo, stava programmando e memorizzando tutte le scene delle luci con grande maestria. Paolo era arrivato già nel primo pomeriggio per fare una prova livelli dei suoni delle sue chitarre, per non aver sorprese durante lo spettacolo. Renato, il fonico, che avrebbe dovuto arrivare verso le 17:30 arrivò due ore prima. Roberto, Giovanni e Tarcisio aiutarono lo staff durante lo scarico degli strumenti e colorarono persino quattro sedie di legno del teatro di bianco per adattarle alla scenografia. Per le maschere di sala ci avrebbero pensato gli amici del comitato teatro con Azalea, Giovanni, Luigina e Nereo. Tutto lo staff era intento a lavorare per la buona riuscita dello spettacolo. Per l'occasione avevo chiamato un fotografo che aveva già collaborato con il teatro e il service video di Luciano di Videolab per alcune riprese. Tutto questo materiale assieme alla registrazione audio serviva per il sito web come materiale promozionale. Allo spettacolo avevo invitato alcune personalità di Comuni e associazioni limitrofe che potessero assistere al concerto e farsi un'idea concreta sull'esibizione per successive possibilità di collaborazione.

Verso le 19:30, completate le prove e il "*sound check*", ci ritrovammo in una stanza al primo piano dell'ingresso, che il comitato aveva gentilmente messo a disposizione per mangiare qualcosa. La convivialità oltre che la condivisione della musica è molto importante, perché si aprono canali dove entrano energie nuove e non si parla solo di note musicali.

Della squadra faceva parte anche Stefano Magnani, che esponeva all'ingresso in un'area di 40 mq la sua esposizione di cimeli *Pink Floyd... un mito in mostra*. Per l'occasione espose anche qualche reperto dedicato ai Beatles. Nato a Sassuolo, ora vive a Sirmione, personaggio che io conosco ormai da alcuni anni. Appassionato dei Pink Floyd, durante gli anni ha collezionato materiale, rarità, cimeli del gruppo londinese, diventando uno dei maggiori collezionisti mondiali del gruppo. Ha pubblicato diversi libri, alcuni dei quali sono stati tradotti in inglese. Stefano è promotore di tantissimi eventi legati ai Pink Floyd in Italia. Conosce personalmente tutti i musicisti del complesso. Alcuni anni fa organizzò una mostra con Nick Mason a Castiglione delle Stiviere. Ci sentiamo spesso, parlare con lui è un piacere, i suoi consigli sono sempre preziosi.

Lo spettacolo cominciò come da programmazione con il primo brano dei Beatles, *For no one*, con Claudia, la più giovane del gruppo, che avrebbe cantato la prima strofa rompendo il ghiaccio, per poi passare a Luca con la seconda strofa. Il teatro era praticamente pieno. Erano circa sei mesi che stavamo lavorando per la serata, alcuni musicisti, anche se con un bagaglio di esperienza non indifferente, li vedevo emozionati, poi via via che il tempo passava si sciolsero, comunque si notava che tutti erano ben inseriti. Trenta furono i brani proposti fra i quali Here *comes the sun*, *Let it be*, *Matha my dear*, *In my life* per i Beatles. Dal vasto repertorio dei Pink Floyd furono scelti per esempio *Time*, *Breathe*, *Vera*, *Hey Jude*. Su *Shine on You Crazy Diamond* e *Great Gig in the Sky*, Paolo utilizzò la *slide guitar*, tipica delle sonorità Floydiane. In *Money* Giorgio con il suo basso andò a nozze. L'ultima canzone prima dei bis fu *Comfortably Numb*, con un grande assolo di Paolo che strappò gli applausi al pubblico durante l'esecuzione. I due bis furono per *Wish You Were Here* per i Pink Floyd e *Hey Jude* per i Beatles con il coro Betania ad accompagnare gli ultimi "na na na na...". Luca, oltre ad aver cantato bene, interveniva fra un brano e l'altro al momento giusto, una volta presentando i musicisti, un'altra ricordando l'obiettivo della serata, un altro ancora ricordando la mostra memorabilia…Dimostrava di saperci proprio fare.

Graziano, alla batteria, teneva in piedi le strutture dei pezzi con una costanza e perfezione quasi assoluta. Forse inconsapevolmente era diventato il punto di riferimento del gruppo. Bravi anche gli archi, che oltre a suonare si stavano divertendo. Mariano in un paio di occasioni riscaldò il pubblico con i suoi assoli al violino elettrico, su *Shine on You Crazy Diamond* e *Money*. Alla fine dello spettacolo ero soddisfatto. Puntai lo sguardo sui musicisti e li vidi appagati ed entusiasti del risultato. Nessuno era euforico. Non ho mai visto di buon occhio l'euforia nelle persone. L'ho sempre considerata superficiale, passeggera, negativa e fine a stessa. Una persona che esprime la propria euforia può altrettanto essere distruttivo quando le cose vanno male. L'entusiasmo al contrario è positivo, perché non porta a conclusioni affrettate e infondate, ma aiuta a portare avanti i progetti con un'energia positiva, in modo equilibrato e lungimirante.

Gli spettatori presenti lasciarono il teatro soddisfatti, i commenti furono positivi, molti di loro erano musicisti con l'orecchio fine. Ebbi l'opportunità di conoscere nuove persone e secondo il mio modo di vedere le cose, poteva essere favorevole. Le persone che si incontrano "per caso" si possono trasformare in opportunità e accelerare l'obiettivo dei TR.

Una delle frasi celebri del grande Luciano Pavarotti, il tenore italiano più famoso di sempre, era: «Chi sa fare la musica la fa, chi la sa fare meno la insegna, chi la sa fare ancora meno la organizza, chi la sa fare così così la critica». Questa frase mi ha sempre fatto sorridere, perché è semplice quanto vera. Di solito le critiche negative, questo vale per tutte le cose, vengono sempre da gente che non ne capisce più di tanto dell'argomento. Non c'erano dubbi che il valore dello spettacolo e il livello dei musicisti era effettivamente alto. Molti furono gli sms che i componenti del gruppo ricevettero a fine serata, Luca ne ricevette uno che diceva: «Ottimi musicisti, ottima scenografia, bravi!». Enrico, il violoncellista, l'indomani mattina scrisse: «Bravissimi, è stata una bella serata!».

Riccardo mi comunicò i numeri degli spettatori ad occhio e croce in base alla capienza della sala. Alcuni giorni dopo, contai effettivamente i biglietti: si era sbagliato di uno spettatore!

In ogni progetto emergono cose positive e cose negative e, inoltre, ci sono i vincoli. Lavoreremo su quello che non è stato positivo con grande capacità riflessiva, ma non sui vincoli, perché sarebbe uno spreco di energia inutile. I vincoli restano vincoli in quanto tali e vengono accettati. Dal nostro debutto sono nate tante altre idee che pian piano porteremo a termine. C'è la consapevolezza che dovremo metterci in gioco e rimuovere varie barriere e pregiudizi, e di certo ci sarà uno sforzo iniziale da pagare, ma arriveremo a quello che ci siamo posti. Non abbiamo nessuna fretta, andremo avanti pian piano.

Preghiamo tutti i nostri fan di seguirci sul sito www.tactusrosa.com. È nostro intento creare e promuovere ogni futuro evento che coinvolga i TacTusRosa come opportunità per andare avanti. Sappiamo che più progrediremo, più il percorso sarà in salita.

Nei giorni seguenti mi sentii con quasi tutti i musicisti e lo staff. Raccolsi tutte le loro impressioni, positive e negative. Una cosa che mi colpì fu che molti mi ringraziarono per la bella serata. Questo mi riempì il cuore. Grazie! A volte ci vuole davvero poco. Una parola che per molte persone è diventata obsoleta. Contraccambio il grazie a loro che sono veramente cari e al mio ex gruppo con cui sono cresciuto e maturato. Conservo dentro di me come un tesoro le esperienze trascorse. I Wit Matrix mi hanno aiutato a capire quale strada voglio seguire ed è quella dei TacTusRosa.

Alcuni affermano che la musica sia magia, altri che sia solo rumore… Io dico che la musica è ciò che noi vogliamo che sia.

La musica per me è compagnia quando sono sola, un diario quando voglio ricordare, una nenia se voglio rilassarmi, un déjà vu di una corsa contro il tempo. La musica è Musica.

KyraLi Hartmann

Componenti dei TacTusRosa:

Paolo Albiero – Chitarra
Sandro Benetti – Pianoforte
Giorgio Pietrobelli – Basso e Contrabbasso
Mariano Doria – Viola e direttore archi
Graziano Colella – Batteria
Luca Totti – Voce
Claudia Valtinoni – Voce
Pietro Trevisiol – Violoncello
Laura Masotto – Violino
Maria Vicentini – Violino

Musicisti collaboratori:
Carlo Carra – Violino
Francesco DeSanti – Violino
Massimiliano Tieppo - Violino
Enrico Graziani – Violoncello

Service Audio Luci: Bieffe Servizi di Enrico Fornaro e Co
Datore Video: Giovanni Berdin
Datore Luci: GianLuca Burato
Fonico Sala: Renato Crivellaro

Associazione Musicale TacTusRosa, via Vittorio Veneto, 6 – 36050
Bolzano Vicentino (Vi)
Cel: 349-8013926

Per informazioni:

sito: www.tactusrosa.com
Facebook: Tactusrosa Sandro
e-mail: info@tactusrosa.com

www.ingramcontent.com/pod-product-compliance
Ingram Content Group UK Ltd.
Pitfield, Milton Keynes, MK11 3LW, UK
UKHW020232250726
13967UKWH00001B/324

9 781291 046922